海上絲綢之路基本文獻叢書

星槎勝覽
瀛涯勝覽

〔明〕費信 撰／〔明〕馬歡 撰

文物出版社

圖書在版編目（CIP）數據

星槎勝覽 / （明）費信撰．瀛涯勝覽 / （明）馬歡撰
．-- 北京 ： 文物出版社， 2022.7
（海上絲綢之路基本文獻叢書）
ISBN 978-7-5010-7599-7

Ⅰ．①星… ②瀛… Ⅱ．①費… ②馬… Ⅲ．①鄭和下西洋－史料 Ⅳ．① K248.105

中國版本圖書館 CIP 數據核字（2022）第 091063 號

海上絲綢之路基本文獻叢書

星槎勝覽・瀛涯勝覽

撰　　者：〔明〕費信　〔明〕馬歡
策　　劃：盛世博閱（北京）文化有限責任公司

封面設計：鞏榮彪
責任編輯：劉永海
責任印製：張　麗

出版發行：文物出版社
社　　址：北京市東城區東直門内北小街 2 號樓
郵　　編：100007
網　　址：http://www.wenwu.com
經　　銷：新華書店
印　　刷：北京旺都印務有限公司
開　　本：787mm×1092mm　1/16
印　　張：10.5
版　　次：2022 年 7 月第 1 版
印　　次：2022 年 7 月第 1 次印刷
書　　號：ISBN 978-7-5010-7599-7
定　　價：90.00 圓

總緒

海上絲綢之路，一般意義上是指從秦漢至鴉片戰争前中國與世界進行政治、經濟、文化交流的海上通道，主要分爲經由黄海、東海的海路最終抵達日本列島及朝鮮半島的東海航綫和以徐聞、合浦、廣州、泉州爲起點通往東南亞及印度洋地區的南海航綫。

在中國古代文獻中，最早、最詳細記載『海上絲綢之路』航綫的是東漢班固的《漢書·地理志》，詳細記載了西漢黄門譯長率領應募者入海『齎黄金雜繒而往』之事，書中所出現的地理記載與東南亞地區相關，并與實際的地理狀況基本相符。

東漢後，中國進入魏晉南北朝長達三百多年的分裂割據時期，絲路上的交往也走向低谷。這一時期的絲路交往，以法顯的西行最爲著名。法顯作爲從陸路西行到印度，再由海路回國的第一人，根據親身經歷所寫的《佛國記》（又稱《法顯傳》）一書，詳細介紹了古代中亞和印度、巴基斯坦、斯里蘭卡等地的歷史及風土人情，是瞭解和研究海陸絲綢之路的珍貴歷史資料。

隨着隋唐的統一，中國經濟重心的南移，中國與西方交通以海路爲主，海上絲綢之路進入大發展時期。廣州成爲唐朝最大的海外貿易中心，朝廷設立市舶司，專門管理海外貿易。唐代著名的地理學家賈耽（七三〇～八〇五年）的《皇華四達記》記載了從廣州通往阿拉伯地區的海上交通『廣州通夷道』，詳述了從廣州港出發，經越南、馬來半島、蘇門答臘半島至印度、錫蘭，直至波斯灣沿岸各國的航綫及沿途地區的方位、名稱、島礁、山川、民俗等。譯經大師義净西行求法，將沿途見聞寫成著作《大唐西域求法高僧傳》，詳細記載了海上絲綢之路的發展變化，是我們瞭解絲綢之路不可多得的第一手資料。

宋代的造船技術和航海技術顯著提高，指南針廣泛應用於航海，中國商船的遠航能力大大提升。北宋徐兢的《宣和奉使高麗圖經》詳細記述了船舶製造、海洋地理和往來航綫，是研究宋代海外交通史、中朝友好關係史、中朝經濟文化交流史的重要文獻。南宋趙汝適《諸蕃志》記載，南海有五十三個國家和地區與南宋通商貿易，形成了通往日本、高麗、東南亞、印度、波斯、阿拉伯等地的『海上絲綢之路』。宋代爲了加强商貿往來，於北宋神宗元豐三年（一〇八〇年）頒佈了中國歷史上第一部海洋貿易管理條例《廣州市舶條法》，并稱爲宋代貿易管理的制度範本。

元朝在經濟上採用重商主義政策，鼓勵海外貿易，中國與歐洲的聯繫與交往非常頻繁，其中馬可·波羅、伊本·白圖泰等歐洲旅行家來到中國，留下了大量的旅行記，記録元代海上絲綢之路的盛况。元代的汪大淵兩次出海，撰寫出《島夷志略》一書，記録了二百多個國名和地名，其中不少首次見於中國著録，涉及的地理範圍東至菲律賓群島，西至非洲。這些都反映了元朝時中西經濟文化交流的豐富内容。

明、清政府先後多次實施海禁政策，海上絲綢之路的貿易逐漸衰落。但是從明永樂三年至明宣德八年的二十八年裏，鄭和率船隊七下西洋，先後到達的國家多達三十多個，在進行經貿交流的同時，也極大地促進了中外文化的交流，這些都詳見於《西洋蕃國志》《星槎勝覽》《瀛涯勝覽》等典籍中。

關於海上絲綢之路的文獻記述，除上述官員、學者、求法或傳教高僧以及旅行者的著作外，自《漢書》之後，歷代正史大都列有《地理志》《四夷傳》《西域傳》《外國傳》《蠻夷傳》《屬國傳》等篇章，加上唐宋以來衆多的典制類文獻、地方史志文獻，集中反映了歷代王朝對於周邊部族、政權以及西方世界的認識，都是關於海上絲綢之路的原始史料性文獻。

海上絲綢之路概念的形成，經歷了一個演變的過程。十九世紀七十年代德國地理學家費迪南・馮・李希霍芬（Ferdinad Von Richthofen，一八三三～一九〇五），在其《中國：親身旅行和研究成果》第三卷中首次把輸出中國絲綢的東西陸路稱爲『絲綢之路』。有『歐洲漢學泰斗』之稱的法國漢學家沙畹（Édouard Chavannes，一八六五～一九一八），在其一九〇三年著作的《西突厥史料》中提出『絲路有海陸兩道』，蘊涵了海上絲綢之路最初提法。迄今發現最早正式提出『海上絲綢之路』一詞的是日本考古學家三杉隆敏，他在一九六七年出版《中國瓷器之旅：探索海上的絲綢之路》中首次使用『海上絲綢之路』一詞；一九七九年三杉隆敏又出版了《海上絲綢之路》一書，其立意和出發點局限在東西方之間的陶瓷貿易與交流史。

二十世紀八十年代以來，在海外交通史研究中，『海上絲綢之路』一詞逐漸成爲中外學術界廣泛接受的概念。根據姚楠等人研究，饒宗頤先生是華人中最早提出『海上絲綢之路』的人，他的《海道之絲路與昆侖舶》正式提出『海上絲路』的稱謂。選堂先生評價海上絲綢之路是外交、貿易和文化交流作用的通道。此後，大陸學者馮蔚然在一九七八年編寫的《航運史話》中，使用『海上絲綢之路』一詞，這是迄今學界查到的中國大陸最早使用『海上絲綢之路』的人，更多地限於航海活動領域的考察。一九八〇年北京大學陳炎教授提出『海上絲綢之路』研究，并於一九八一年發表《略論海上絲綢之路》一文。他對海上絲綢之路的理解超越以往，且帶有濃厚的愛國主義思想。陳炎教授之後，從事研究海上絲綢之路的學者越來越多，尤其沿海港口城市向聯合國申請海上絲綢之路非物質文化遺産活動，將海上絲綢之路研究推向新高潮。另外，國家把建設『絲綢之路經濟帶』和『二十一世紀海上絲綢之路』作爲對外發展方針，將這一學術課題提升爲國家願景的高度，使海上絲綢之路形成超越學術進入政經層面的熱潮。

與海上絲綢之路學的萬千氣象相對應，海上絲綢之路文獻的整理工作仍顯滯後，遠遠跟不上突飛猛進的研究進展。二〇一八年厦門大學、中山大學等單位聯合發起『海上絲綢之路文獻集成』專案，尚在醖釀當中。我們不揣淺陋，深入調查，廣泛搜集，將有關海上絲綢之路的原始史料文獻和研究文獻，分爲風俗物産、雜史筆記、海防海事、典章檔案等六個類别，彙編成《海上絲綢之路歷史文化叢書》，於二〇二〇年影印出版。此輯面市以來，深受各大圖書館及相關研究者好評。爲讓更多的讀者親近古籍文獻，我們遴選出前編中的菁華，彙編成《海上絲綢之路基本文獻叢書》，以單行本影印出版，以饗讀者，以期爲讀者展現出一幅幅中外經濟文化交流的精美畫卷，爲海上絲綢之路的研究提供歷史借鑒，爲『二十一世紀海上絲綢之路』倡議構想的實踐做好歷史的詮釋和注脚，從而達到『以史爲鑒』『古爲今用』的目的。

凡例

一、本編注重史料的珍稀性，從《海上絲綢之路歷史文化叢書》中遴選出菁華，擬出版百册單行本。

二、本編所選之文獻，其編纂的年代下限至一九四九年。

三、本編排序無嚴格定式，所選之文獻篇幅以二百餘頁爲宜，以便讀者閱讀使用。

四、本編所選文獻，每種前皆注明版本、著者。

五、本編文獻皆爲影印，原始文本掃描之後經過修復處理，仍存原式，少數文獻由於原始底本欠佳，略有模糊之處，不影響閱讀使用。

六、本編原始底本非一時一地之出版物，原書裝幀、開本多有不同，本書彙編之後，統一爲十六開右翻本。

目録

星槎勝覽

星槎勝覽

一卷

〔明〕費信 撰

民國二十七年商務印書館《影印元明善本叢書》本

景明刻本紀錄彙編

十九

紀錄彙編卷之六十一

星槎勝覽序

臣聞王者無外中天下而立定四海之民一視同仁篤近舉遠故視中國猶一人而夷狄之邦則以不治治之洪惟 聖朝大啓文運 太祖高皇帝龍飛九五波澤敷於中外德威振於萬邦 太宗文皇帝繼統文明之治格于四表於是屢命正使太監鄭和王景弘侯顯等開道九夷八蠻 欽賜璽書禮幣 皇風清穆覃被無疆天之所覆地之所載莫不貢獻臣服三五之世不是過矣 皇上嗣登大寶詔止海舶

及遠征之役蓋以國家　列聖相繼奕葉重光治化
隆盛而遠夷小醜或梗　皇化則移師薄伐使不忘
武備以鞏固鴻基爲萬世之宏規也　皇上恭默思
道端拱而治守盈成之運垂無窮之業得時措之宜
也臣本吳東鄙儒草茅下士　先臣戍大倉未幾而
蚤逝於是臣繼戍役至永樂宣德間選隨中使至海
外經諸番國前後數四二十餘年歷覽風土人物之
宜采輯圖寫成帙名曰星槎勝覽不揣膚陋輒敢自
敘其首一覽之餘則中國之大華夷之辨山川之險
易物產之珍奇殊方末俗之卑陋可以不勞遠涉而

盡在目中矣夫王者無外王德之體以不治治之王
道之用若然將見治化之效聲教所及暴風不作海
波不揚越裳肅慎之民曰中國有　聖人在上白雉
楛矢之貢不期而至矣

正統元年丙辰春正月吉日臣費信稽首謹序

星槎勝覽目錄

卷第一

卷第二

紀録彙編卷之六十一

卷第四

星槎勝覽

費信

占城國

永樂七年　太宗皇帝命正使太監鄭和王景弘等統官兵二萬七千餘人駕海船四十八號往諸番國開讀賞賜是歲秋九月自太倉劉家港開船十月至福建長樂太平港停泊十二月於五虎開洋張十二帆順風十晝夜至占城國其國臨海有港曰新州西抵交趾北連中國地海船到彼其酋長頭戴三山金花冠身披錦花手巾臂腿四腕俱以金鐲足穿玳

瑁履腰束八寶方帶如粧塑金剛狀乘象前後擁番兵五百餘或執鋒刃短鎗或舞皮牌槌鼓吹椰殼筒其部領皆乘馬出郊迎　詔下象膝行匍匐感　恩奉貢方物其國所產巨象犀牛甚多象牙犀角廣貨別國棋楠香在一山所產酋長差人禁民不得採取犯者斷其手烏木降香樵之爲薪天無霜雪氣候常熱如夏草木長青隨花隨結煑海爲鹽禾稻甚薄國人惟食檳榔裹荖葉包蠡殼灰行住坐臥不絕於口不解正朔但看月生爲初月晦爲盡如此十次盈虧爲一歲晝夜善槌皷十更爲法酋長及民下非至午

不起非至于不睡見月則飲酒歌舞爲樂酋長所居屋宇門墻俱甎灰甃及以堅木雕鏤獸畜之形爲華外周磚垣亦有城郭兵甲之防藥鏃刀摽之屬其部領所居亦分等第門高有限民下編茅覆屋魚不腐爛不食醸不生蛆不爲美酒以米拌藥丸乾和入甕中封固如法收藏日久其糟生蛆爲佳醞他日開封用長節竹幹三四尺者揷入糟甕中或團坐五人量人入水多寡輪次吸竹引酒入口吸盡再入水若無味則止有味再封再用酋長歲時採生人膽入酒中與家人同飲又以浴身謂之通身是膽尸頭蠻者本

是婦人但無瞳神爲異其婦與家人同寢夜深飛頭而去食人穢物飛回復合其體卽活如舊若知而封固其項或移體別處則死矣人有病者臨糞時遣之妖氣入腹必死此婦人亦罕有民間有而不報官者罪及一家番人戲之觸弄其頭必有生死之恨男女椎髻腦後花布纏頭上穿短布衫腰圍花布手巾其國無紙筆以羊皮槌薄熏黑削細竹爲筆蘸白灰書字若蚯蚓委曲之狀言語燕鴂全憑通事傳譯

靈山

其處與占城山地連接其山峻嶺而方有泉下繞如

帶山頂有一石塊似佛頭故名靈山民居星散結網
爲業田肥耕種一歲二收氣候之節男女之禮與占
城國大同小異地產黑文相對藤杖每條易斗錫一
塊若麤大而紋疎者一錫易杖三條次有檳榔蔞葉
餘無異物往來販船必於此樵汲船人齋沐三日崇
佛誦經燃放水燈綵船以禳人船之災

崑崙山

其山節然瀛海之中與占城及東西竺鼎峙相望山
高而方山盤廣遠海人名曰崑崙洋凡往西洋販船
必待順風七晝夜可過俗云上怕七洲下怕崑崙針

迷舵失人船莫存此山產無異物人無居竈而食山果魚蝦穴居樹巢而已

賓童龍國

其國與占城山地連接有雙澗水澄清佛書所云舍衛乞食即此地也目連所居遺址尚存人物風土草木氣候與占城大同小異惟喪事能持孝服設佛而度死者擇僻地葬之婚姻偶合酋首出入或象或馬一如占城王從者前後百餘人執質讚唱曰亞曰僕地產棋楠香象牙貨用金銀花布之屬民下編茅覆屋以居

眞臘國

自占城順風三晝夜可至其國門之南爲都會之所有城池周七十餘里石河廣二十餘丈殿宇三十餘所凡歲時一會則羅列玉猿孔雀白象犀牛於前名曰百塔洲金盤金碗盛食諺云富貴眞臘也氣候常熱田禾豐足煑海爲鹽風俗富饒男女椎髻穿短衫圍梢布法有劓刖刺配犯盜則斷手足番人殺唐人則償命唐人殺番人則罰金無金賣身贖罪地產黃蠟犀象孔雀沉香蘇木大風子油翠毛貨用金銀燒珠錦段絲布之屬

暹羅國

自占城順風十晝夜可至其國山形如白石峭礪周千里外山崎嶇內嶺深邃田平而沃稼穡豐熟氣候常熱風俗勁悍專尚豪强侵掠鄰境削檳榔木爲標鎗水牛皮爲牌藥鏃等器慣習水戰男女椎髻白布纏頭穿長衫腰束青花手巾其上下謀議大小事悉決於婦其男女聽苟合無序遇中國男子甚愛之必置酒飲待歡歌留宿婦人多爲尼姑道士能誦經持齋服色略似中國亦造菴觀能重喪禮人死氣絕必用水銀灌養其屍而後擇高阜之地設佛事葬之釀

林爲酒煮海爲鹽地產羅斛香大風子油蘇木犀角象牙翠毛黃蠟以海𧴩代錢每一萬箇准中統鈔二十貫貨用青白花磁器印花布色絹色段金銀銅鐵水銀燒珠雨傘之屬其酋感慕　天朝遠惠嘗遣使捧金葉表文貢獻方物

假馬里丁

其方與交欄山相望海洋中山列翠屏引溪水溉田禾穀少收氣候常熱俗尚薄男子髡髮穿竹布短衫圍梢布種芭蕉採其實以代糧煮海爲鹽釀蔗爲酒地產玳瑁羚羊貨用瓜哇布燒珠印花布米穀之屬

交欄山

自占城靈山起程順風十晝夜可至其山高而叢林藤竹舵桿桅檣篷箬無所不備胡元時命將高興史弼領兵萬衆駕巨舶征闍婆因遭風至交欄山下其船多損乃登此山造船百號復征闍婆擒其酋長而歸至今居民有中國人雜處蓋此時病卒百餘留養不歸遂傳育於此氣候常暑少米穀以射獵爲業男女椎髻穿短衫繫巫崙布地產豹熊鹿皮玳瑁貨用米穀五色珠青布銅器青碗之屬

爪哇國

古名闍婆自占城起程順風二十晝夜可至其國地廣人稠甲兵為東洋諸番之雄舊傳鬼子魔天與一罔象青面紅身赤髮相合凡生子百餘常食啖人血肉佛書所云鬼國即此地也其中人被啖幾盡忽一日雷震石裂中坐一人衆稱異之遂為國王即領餘衆驅逐罔象而除其害復生齒安業至今其國之遺文後書一千三百七十六年考之肇在漢時至我大明宣德七年矣其港口入去馬頭曰新村居民環接編茭樟葉覆屋鋪店連行為市買賣其國富饒珍珠金銀鴉石猫睛青紅等石硨磲瑪瑙荳蔻蓽茇子

花木香青藍無所不有蓋通商旅最衆也其鸚鵡鸚哥孔雀能馴言語歌曲其倒掛鳥身形如雀而羽五色日間焚好香則收而藏之羽翼間夜則張尾翼而倒掛以放香民好兇强生子一歲便以匕首佩之名曰不刺頭以金銀象牙雕琢爲靶凡男子老幼貧富皆佩於腰間若有爭詈卽拔刃相刺蓋殺人逃三日而出卽無事矣男子秃頭裸身腰圍單布手巾能飲酗酒重財輕命婦人亦然惟項金珠聯絡帶之兩耳塞茭樟葉圈於竅中其喪事凡主翁病死婢妾輩相對而誓曰死則同往臨殯之日妻妾奴婢皆滿頭簪

草花披五色手巾隨屍至海邊或野地舁屍於沙地俾衆犬食盡爲好如食不盡則悲歌號泣堆柴於旁衆婦坐其上良久乃縱火燒柴而死蓋殉葬之禮也

蘇魯馬益一地名也爲市聚貨商舶米糧港口有聚猢猻數百相傳唐時其家五百餘口男婦兇惡忽一日有僧至其家與言吉凶之事其僧取水噀之俱化爲猿猴止留一老嫗不化今存舊宅土人及商者常設飯食檳榔花果肉類以祭之不然則禍甚驗也

杜板一村之地名也海灘有水一泓甘淡可飲稱爲聖水元時使將史弼高興征其國經月不下舟中乏水

糧盡二將拜天祝曰奉天伐蠻若天與我水即生不與則死遂揷鎗鹹苦海中其泉隨鎗湧起水味甘甜衆軍汲而飲之乃令曰天賜助我可力戰也兵威由是大振噉聲奮擊番兵百萬餘衆悉敗走乘勝長驅生擒番人烹而食之至今稱中國能食人也遂獲酋長以歸旣服罪尋放還仍封爲爪哇國王我　朝太宗文皇帝遣正使太監鄭和等捧　詔勑賞賜國王王妃及部領村主咸受　天賜其國王遣使絡繹進貢方物

舊港

古名三佛齊國自爪哇順風八晝夜可至其處自港口入去田土甚肥倍於他壤古云一年種穀三年生金言其米穀盛而多貿金也民故富饒俗囂好婬水戰甚慣其處水多地少部領者皆在岸造屋居之周匝皆僕從住宿其餘民庶皆於木筏上蓋屋而居以木椿拴閘或水長則筏浮起不能沒也或欲別居起椿去之連屋移徙不勞財力今為爪哇所轄風俗與爪哇大同小異地產黃熟香速香降香沉香黃蠟鶴頂之類貨用燒煉五色珠青白磁器銅鼎五色布絹色段大小磁甕銅錢之屬永樂十三年鄭和等統冊

師往諸番國海寇陳祖義等聚衆於三佛齊國抄掠番商欲來犯我舟師和等伏兵敗之生擒厥魁獻俘闕下由是薄海內外罔不清肅

重迦羅

其地與爪哇界相接高山奇秀內有一石洞前後三門可容一二萬人田穀與爪哇略同氣候常暑風俗頗淳男女撮髻身披单布長衫圍梢布手巾無酋長以年高有德者主之煑海爲鹽釀秫爲酒地產羚羊鸚鵡木棉椰子棉紗貨用花銀花絹其處約去數日水程曰孫陀羅琵琶拖曰丹重曰圓嶠曰彭里不事

耕種專尚寇掠與吉陀崎諸國相通所以商船少能至矣

吉里地悶

其國居重迦羅之東連山茂林皆檀香樹無別產馬頭商聚十二所有酋長田肥穀盛氣候朝熱暮寒男女斷髮穿短衫夜臥不蓋其體商船到彼皆婦女到船交易人多染疾病十死八九蓋其地瘴氣及其婬污之故也貨用金銀鐵器磁碗之屬

滿剌加國

其處舊不稱國自舊港順風八晝夜可至其國傍海

山孤人少受弱於暹羅每歲輸金四十兩爲稅田瘠少收內有山泉流爲溪於溪中淘沙取錫煎成塊曰斗錫每塊重官秤一斤四兩及織芭蕉心簟惟以斗錫通市無他產氣候朝熱暮寒男女椎髻身膚黑漆間有白者唐人種也俗尚淳厚民淘錫網魚爲業屋如樓閣而不鋪板但用木高低層布連床就榻箕踞而坐飲食廚厠俱在上貨用青白磁器五色燒珠色絹金銀之屬永樂七年鄭和等捧　詔勅賜銀印冠帶袍服建碑封爲滿剌加國暹羅始不敢擾十三年酋長感慕　聖恩挈妻子涉海入朝貢方物賞勞之

使歸國

龐逸凍

其處在交欄山之西南洋海中山峻地平夾溪聚村落而居氣候稍熱男女椎髻穿長衫圍色布田膏腴倍收他國尚節義婦喪夫則削髮務面絕食七日夫死同寢多有並逝者七日不死則親戚勸以飲食若得甦終身不再嫁矣至焚夫日多赴火死煮海爲鹽釀蔗爲酒產木棉黃蠟玳瑁檳榔花布貨用銅鼎鐵塊五色布絹之屬

彭坑

其處在暹羅之西石崖周匝崎嶇遠望山平如寨田沃米穀豐足氣候溫風俗尚恠刻香木爲人殺人血祭禱求福禳災男女椎髻繫單裙富家女子金圈四五飾于項髮常人五色燒珠穿圈煑海爲鹽釀漿爲酒地產黃熟香沉香片腦花錫降香貨用金銀色絹爪哇布銅鐵器鼓板之屬

東西竺

其山與龍牙門相望海洋中山形分對嵯峩若蓬萊方丈之閒田瘠不宜稼穡歲藉諸邦淡洋米穀以食氣候不齊煑海爲鹽釀椰子爲酒男女斷髮繫梢布

地產檳榔木棉布蕉心簟貨用花錫胡椒鐵器之屬

龍牙門

其處在三佛齊西北山門相對若龍牙狀中通船過山田瘠米穀甚薄氣候常暑四五月淫雨男女椎髻穿短衫圍梢布擄掠爲豪遇番船則以小舟百數迎敵若順風僥倖而脫否則被其刼殺舟客于此防之

龍牙加貌

其地離麻逸凍順風三晝夜程內平而外峰民蟻附而居氣候常熱田不勤熟俗尚敦厚男女椎髻圍麻逸凍布穿短衫以親戚尊長爲重一日不見則攜酒

殺問安者貢海爲鹽釀秫爲酒地産沉速降香黃蠟隺頂蜂蜜砂糖貨用印花布八察都布青白花磁器之屬

九州山

其山與滿剌加近産沉香黃熟香林木叢生枝葉茂翠永樂七年鄭和等差官兵入山採香得徑有八九尺長六七丈者六株香味淸遠黑花細紋山人張目吐舌言我天朝之兵威力若神

阿魯國

其國與九州山相望自滿剌加順風三晝夜可至其

國風俗氣候與蘇門答剌大同小異田瘠少收盛種芭蕉椰子爲食男女裸體圍梢布常駕獨木舟入海捕魚入山採米腦香物爲生各持藥鏃弩防身地產雀頂片米糖腦以售商舶貨用色段色絹磁器燒珠之屬

淡洋

其處與阿魯山地連接去滿剌加三日程山遶周圍有港內通大溪汪洋千里奔流出海清淡味甘舟人過往汲之名曰淡洋田肥禾盛米粒尖小炊飯甚香地產香民俗頗淳氣候常熱男女椎髻腰圍梢布貨

用金銀鐵器磁器之屬

蘇門答剌國

古名須文達那自滿剌加順風九晝夜可至其國傍海村落田瘠少收胡椒蔓生延蔓附樹枝葉如扁豆花間黃白結椒纍垂如櫻櫚子但粒小耳番秤一播荷抵我官秤三百二十斤價銀錢二十箇重銀六兩金抵納即金錢也每二十箇重金五兩二錢風俗頗淳民網魚爲生朝駕獨木刳舟張帆出海暮則回舟男子髮纏白布腰圍梢布婦女椎髻裸體腰圍色布手巾其爪茄一種五年結子再種橘柚酸甜之果常

花常結其有一等瓜皮若荔枝如瓜大未剖之時甚臭如爛蒜剖開如囊味如酥油香甜可口煑海爲鹽釀茭樟子爲酒貨用青白磁器銅鐵爪哇布色絹之屬永樂十一年僞王蘇幹剌寇侵本國酋長遣使赴闕陳訴請救　太宗皇帝命鄭和等就率官兵勦捕生擒僞王至永樂十三年歸獻闕下諸番震服

花面國王

其國與蘇門答剌鄰境傍南巫里洋透迤山地田足稻禾氣候不常風俗淳厚男子皆以墨刺面爲花獸之狀猱頭裸體單布圍腰婦女圍色布披手巾椎髻

腦後地多出牛羊雞鴨羅布強不奪弱上下自耕而食富不驕貧不盜可謂善地矣地產香味青蓮花近布那姑兒一山產硫黃我　朝海船駐札蘇門答剌差人船於其山採取硫黃貨用段帛磁器之屬其酋長感慕　恩賜常貢方物

龍涎嶼

望之獨峙南巫里洋之中離蘇門答剌西去一晝夜程此嶼浮灔海面波激雲騰每至春間羣龍來集於上交戲而遺涎沫番人拏駕獨木舟登此嶼採取而歸或風波則人俱下海一手附舟旁一手揖水而得

至岸其龍涎初若脂膠黑黄色頗有魚腥氣久則成大塊或大魚腹中刺出若斗大亦覺魚腥焚之清香可愛貨於蘇門答剌之市官秤一兩用彼國金錢十二箇一斤該金錢一百九十二箇准中國銅錢九千箇價亦非輕矣

翠藍嶼

其山在龍涎之西北五晝夜程大小七門門中皆可過船傳聞釋迦佛昔經此山浴於水被竊其袈裟佛誓云後有穿衣者必爛其皮肉由此男女今皆削髮無衣止用樹葉紉結而遮前後米穀亦無惟下海網

魚鰕及種芭蕉椰子爲食然船去未嘗得泊山下宣德壬子十月二十二日因風水不偶至此山泊繫二日夜山中之人駕獨木舟來貿椰實舟中男婦果如前言

錫蘭山國

其國自蘇門答剌順風十二晝夜可至其國地廣人稠貨物多聚亞於爪哇中有高山參天山頂產有青美藍石黃鴉鶻石青紅寶石每遇大雨衝流山下沙中拾取之其海旁有珠簾沙常以網取螺蚌傾入池中作爛淘珠貨之海邊有一盤石上印足跡長三尺

許常有水不乾稱爲先世釋迦佛從翠藍嶼來登此山足躡其跡至今尚存也下有寺稱爲釋迦佛涅槃眞身側臥在寺亦有舍利子在其寢處氣候常熱民俗富饒米穀豐足地產寶石眞珠龍涎香乳香貨用金錢銅錢青花白磁器色段色絹之屬男女纏頭穿長衫圍單布永樂七年鄭和等齎 詔勅金銀供器綵粧織金寶幡布施於寺及建石碑賞賜國王頭目其王亞烈苦柰兒負固不供謀害舟師太監鄭和潛備先發制之使衆銜枚疾走夜半聞砲則奮擊而入生擒其王至永樂九年歸獻 闕下尋蒙 恩宥俾

復舊國由是西夷畏威懷德莫不向化矣

溜山洋國

自錫蘭山別羅里南去順風七晝夜可至其山海中天巧石門有三遠望如城門中可過舩溜山有八沙溜官嶼溜人不知溜起來溜麻里溪溜加平年溜加安都里溜其八處網捕溜洋大魚作塊曬乾以代糧食男子拳髮穿短衫圍梢布風俗嚚强地産龍涎香貨用金銀段帛磁器米穀之屬其酋長感慕 聖恩常貢方物傳聞又有三萬八千餘溜山卽弱水三千之説也亦有人聚巢居穴處不識米穀但捕魚蝦爲

食裸形無衣惟紉樹葉遮其前後若商舶因風落其溜人船不可復矣

大葛蘭國

地與都欄樵相近厥土黑墳本宜穀麥居民懶事耕作歲賴烏爹之米爲食商船爲風所阻不以時到則波濤激灘載貨不敢滿蓋以不可停泊之故也若過巫里洋則羅重險之難矣及有高頭埠沉水羅股石之危風俗淳厚男女纏頭穿單布長衫圍色布手巾地産胡椒椰子溜魚檳榔貨用金錢青白花磁器布段之屬

小葛蘭國

山連赤土地與柯枝國接境日中爲市西洋諸國之馬頭也本國通使大金錢名儻伽每箇重八分小金錢名吧喃四十箇准大金錢一箇田瘠少收歲藉榜葛剌國米爲食氣候常熱風俗小淳男女多回回喃毗人地產胡椒亞於下里乾檳榔波羅蜜色布其木香乳香真珠珊瑚酥油孩兒茶梔子花皆自他國來也貨用丁香荳蔲色段麝香金銀銅鐵器鐵線黒纓之屬

柯枝國

其處與錫蘭山對峙內通古里國界氣候常熱田瘠少收村落傍海風俗頗淳男女椎髻穿短衫圍單布又一種曰木瓜無屋舍惟穴居巢樹入海捕魚爲業男女裸體紉結樹葉或草遮其前後行人遇人則蹲避道旁俟過方行蓋避羞也地產胡椒甚廣富家俱置板倉貯之以售商販行使小金錢名吧喃貨用色段白絲青花白磁器金銀之屬其酋長感慕

聖恩常貢方物

古里國

錫蘭山起程順風十晝夜可至其國當巨海之要嶼

與僧迦密邇亦西洋諸國之馬頭也山廣地瘠麥穀頗足風俗甚厚行者讓路道不拾遺法無刑杖惟以石灰畫地乃爲禁令其酋富居深山傍海爲市聚貨通商男子穿長衫頭纏白布婦女穿短衫圍色布兩耳懸帶金牌絡索數枚其項上真珠寶石珊瑚連掛纓絡臂腕足脛皆金銀鐲手足指皆金銀廂寶石戒指髮堆腦後容白髮黑其有一種裸身之人曰木瓜與柯枝國同地産胡椒亞於下里俱有倉廪貯之以待商販有薔薇露波羅蜜孩兒茶印花被面手巾其有珊瑚真珠乳香木香金珀之類皆由別國來其好

馬自西番來匹價金錢千百貨用金銀色段青花白磁器燒珠麝香水銀樟腦之屬酋長感慕
聖恩常遣使捧金葉表文貢獻方物

榜葛剌國

自蘇門答剌順風二十晝夜可至其國即西印度之地西通金剛寶座國曰詔納福兒乃釋迦得道之所永樂十三年二次 上命少監侯顯等統舟師齎
詔勑賞賜國王王妃頭目其國海口有港曰察地港立抽分之所其王知我中國寶船到彼遣部領齎衣服等禮人馬千數迎港口起程十六站至瑣納兒江

有城池街市聚貨通商又差人齎禮象馬迎接再行
二十站至板獨哇是酋長之居處城郭甚嚴街市鋪
店連楹接棟聚貨百有其王之舍皆磚灰甃砌高廣
殿宇平頂白灰爲之內門三重九間長殿其柱皆黄
銅包飾雕琢花獸左右長廊內設明甲馬隊千餘外
列巨漢明盔明甲執鋒刃弓矢威儀壯甚冊墀左右
設孔雀翎傘蓋百數又置象隊百數於殿前其王於
正殿高座嵌八寶箕踞坐其上劒横於膝乃令銀柱
杖二人皆穿纏頭來引道前五步一呼至中則止又
金柱杖二人接引如前禮其王拜迎　詔勑扣頭加

領　開讀賞賜受畢鋪毯毯於殿地待我天使宴我
官兵禮之甚厚燔炙牛羊禁不飲酒恐亂性而失禮
以薔薇露和香蜜水飲之宴畢復以金盔金繫腰金
瓶金盆贈天使其副使皆以銀盔銀繫腰銀瓶銀盆
贈之其下官員亦贈以金鈴紵絲長衣兵士俱有
銀錢蓋此國富而有禮者也其後躬置金筒金葉表
文差使臣齎捧貢獻方物于　廷其國風俗甚厚男
子白布纏頭穿白布長衫足穿金線羊皮靴濟濟然
有文字者衆凡交易雖有萬金價定打手永無悔改
婦女穿短衫圍色布絲錦不施脂粉自然嬌白耳垂

寶鈿項掛纓絡髻堆腦後四腕金鐲手足戒指其有
一種曰印度不食牛肉飲食男女不同處夫死不再
嫁妻死不再娶若孤寡無倚一村人家輪流養之不
容別村求食其義氣有足稱者田沃豐足一歲二收
不用耘耔隨時自宜男女勤於耕織果有波羅蜜大
如斗井甜甚美菴摩羅香酸甚佳其餘瓜果蔬菜牛
馬雞羊鳧鴨海魚之類甚廣使海𧴩准錢市用地産
細布撒哈剌毯絨兜羅錦水晶瑪瑙珊瑚真珠寶石
糖蜜酥油翠毛各色手巾被面貨用金銀段絹青花
白磁器銅鐵麝香銀硃水銀草蓆之屬

卜剌哇國

自錫蘭山別羅南去二十一晝夜可至其國與木骨都束國接連山地傍海而居壘石爲城砌石爲屋山地無草木地廣斥鹵有鹽池但投樹枝於池良久撈起結成白鹽風俗頗淳無田耕種捕魚爲業男女拳髮穿短衫圍梢布婦女兩耳帶金錢項掛纓絡惟有葱蒜無瓜茄地產馬哈獸狀如麝獐花福祿狀如花驢豹麂犀牛沒藥乳香龍涎香象牙駱駝貨用金銀段絹米豆磁器之屬其酋長感慕 恩賜進貢方物

竹步國

其處與木骨都束山地連接村居寥落壘石爲城砌石爲屋風俗亦淳男女拳髮男子圍布婦女出則以布兜頭不露身面山地黄赤數年不雨草木不生絞車深井網魚爲業地產獅子金錢豹駝蹄雞有六七尺高者其足如駝蹄龍涎香乳香金珀貨用土硃段絹金銀磁器胡椒米穀之屬酋長受賜感化奉貢方物

木骨都束國

自小葛蘭順風二十晝夜可至其國瀕海堆石爲城壘石爲屋四五層廚廁待客俱在其上男子拳髮四

垂腰圍梢布女人髮盤於腦黃漆光項兩耳掛絡索
數枚項帶銀圈纓絡垂胷出則單布兜遮青沙蔽面
足履皮鞋山連地曠黃赤土石田瘠少收數年無雨
穿井甚深絞車以羊皮袋水風俗囂頑操兵習射其
富民附船遠通商貨貧民網捕海魚曬乾爲食及餵
養駝馬牛羊地產乳香金錢豹龍涎香貨用金銀色
段檀香米穀磁器色絹之屬其酋長效禮進貢方物

阿丹國

自古里國順風二十二晝夜可至其國傍海而居草
木不生田肥種植粟麥豐盛壘石爲城砌羅股石爲

屋三四層高廚房臥室皆在其上風俗頗淳民下富饒男女拳髮穿長衫婦女出則用青紗蔽面布帽兜頭不露形貌兩耳垂金錢數枚項掛纓絡地産羚羊自胸中至尾垂九塊名爲九尾羊千里駱駝黑色花驢駝蹄雞金錢豹貨用金銀色段青白花磁器檀香胡椒之屬其酋長感慕　恩賜躬以方物貢獻

刺撒國

自古里國順風二十晝夜可至其國傍海而居壘石爲城連山曠地草木不生牛羊駝馬皆以海魚乾啖之氣候常熱田瘠少收惟有麥耳數年無雨鑿井絞

三、七十五兆

車羊皮袋水男女拳髮穿長衫婦女妝點兜頭與忽
魯謨斯國同壘石築土爲屋三四層者其上廚厠臥
室待客其下奴僕居之地產龍涎香乳香千里駱駝
民俗淳厚喪葬有禮有事禱於鬼神其酋長感慕
聖恩遣使捧金葉表文奉貢方物貨用金銀段絹磁
器米穀胡椒檀香金銀之屬

佐法兒國

自古里國順風二十晝夜可至其國壘石爲城砌羅
股石爲屋有高三四層若塔之狀廚厠臥室皆在其
上田廣少收山地黃赤亦不生草木民捕海魚曬乾

大者人食小者餵養牛馬駝羊男女拳髮穿長衫女人出則以布兜頭面不令人見風俗頗淳地產祖刺法金錢豹駝蹄鳥乳香龍涎香貨用金銀檀香米穀胡椒段絹磁器之屬其酋長感慕

恩賜遣使奉貢方物

忽魯謨新國

自古里國十晝夜可至其國傍海居聚民為市地無草木牛羊駝馬皆食海魚乾或言深山中亦有草木風俗頗淳壘石為城酋長深居練兵畜馬田瘠麥廣穀少民富饒山連五色皆是鹽也鑿之鏇為盤碟碗

器之類食物就用而不加鹽矣壘石爲屋有三四層者其廚厠臥室待客之所俱在上男子拳髮穿長衫善弓矢騎射女子編髮四垂黄漆其項出則布幔兜頭面用青紅紗布以蔽之兩耳輪周掛絡索金錢數枚以青石磨水妝點眼眶唇臉花紋以爲美飾項掛寶石真珠珊瑚紉爲瓔珞臂腕腿足皆金銀鐲此富人也行使金銀錢産有真珠寶石金珀龍涎香撒哈剌梭眼絨毯貨用金銀青花磁器五色段絹木香胡椒之屬其酋長感　恩賜躬獻方物

天方國

其國自忽魯謨斯四十晝夜可至其國乃西海之盡也有言陸路一年可達中國其地多曠漠即古筠沖之地名爲西域風景融和四時皆春也田沃稻饒居民安業男女穿白長衫男子削髮以布纏頭婦女編髮盤頭風俗好善酋長無科擾於民亦無刑罰自然淳化不作盜賊上下安和古置禮拜寺見月初生其酋長與民皆拜天號呼稱揚以爲禮餘無所施其寺分爲四方每方九十間共三百六十間皆白玉爲柱黃甘玉爲地中有黑石一片方丈餘曰漢初時天降也其寺層次高上如塔之狀每至日落聚爲夜市蓋日

中熱故也地產金珀寶石眞珠獅子駱駝祖剌法豹
麂馬有八尺高者名爲天馬貨用金銀段疋色絹青
白花磁器鐵鼎鐵銚之屬其國王臣深感
天朝使至加額頂天以方物獅子麒麟貢于廷

廣信府同知鄒　潘
推官方　重校正
臨江府推官袁長馭
上饒縣學教諭余學申對讀

紀錄彙編卷之六十一終

瀛涯勝覽

瀛涯勝覽

一卷

〔明〕馬歡 撰

民國二十七年商務印書館《影印元明善本叢書》本

紀錄彙編卷之六十二

瀛涯勝覽序

余昔觀島夷誌載天時氣候之別地理人物之異慨然嘆曰普天下何若是之不同耶永樂癸巳 太宗文皇帝勅命太監鄭和統領寶船往西洋諸番開讀賞賜予以通譯番書亦被使末隨其所至鯨波浩渺不知其幾千萬里歷涉諸邦其天時氣候地理人物然後知島夷誌之所著者不誣而尤有大可奇怪者焉於是摭採各國人物之醜美壤俗之異同與夫土產之別疆域之制編次成帙名曰瀛涯勝覽俾屬目

者一顧之頃諸番事實悉得其要而尤見夫聖化所
及非前代比第愧愚昧一介微氓叨陪使節與斯勝
覽誠千載之奇遇也是帙也措意遣詞不能文飾但
直筆書其事而已覽者毋以膚淺誚焉
永樂丙申黄鍾月會乩山樵馬歡述

皇華使者承天勅宣布綸音往夷域鯨舟吼浪泛滄
溟遠涉洪濤渺無極洪濤浩浩涌瓊波羣山隱隱浮
青螺占城港口暫停纜揚帆迅速來闍婆闍婆遠隔
中華地天氣煩蒸人物異科頭裸足語侏離不習衣
冠疎禮義天書到處多懽聲蠻魁酋長爭相迎南金
異寶遠馳貢懷恩慕義攄忠誠闍婆又往西洋去三
佛齊過臨五嶼蘇門答剌峙中流海舶番商經此聚
自此分䑸往錫蘭柯枝古里連諸番弱水南濱溜山
國去路茫茫更險艱欲投西域遥凝目但見波光接
天綠舟人矯首混西東惟指星辰定南北忽魯謨斯

近海傍太宛米息通行商曾聞博望使絕域何如當
代覃恩光書生從役何卑賤使節叨陪遊覽遍高山
巨浪罕曾觀異寶奇珍今始見俯仰堪輿無有垠際
天極地皆王臣聖明一統混華夏曠古于今孰可倫
使節勤勞恐遲暮時值南風指歸路舟行巨浪若游
龍回首遐荒隔烟霧歸到京華覲紫宸龍墀獻納皆
奇珍重瞳一顧天顏喜爵祿均頒雨露新
會乩山樵馬歡

諸番國名

占城國　爪哇國

暹羅國　舊港國

滿剌加國　啞魯國

蘇門答剌國　那孤兒國

黎代國　南浡里國

溜山國　榜葛剌國

錫蘭國　葛蘭國

柯枝國　古里國

祖法兒國　忽爾沒斯國

紀錄彙編卷之六十二

阿丹國　　天方國

瀛涯勝覽

馬歡

占城國

其國即釋典所謂王舍城也在廣海之南自福建福州府長樂縣五虎門開船往西南行好風十日可到其國南連真臘國接交趾界東北俱臨大海國之東北百里有一海口名新州港岸有一石塔爲記諸處船隻到此艤泊登岸岸有一寨番設比奈二馬頭爲王番人五六十家居內以守港口去西南百里到王居之城番名曰占其城以石壘門四門令人

把守國王係鎖俚人崇信釋教頭戴金級三山玲瓏花冠如中國中淨之樣身穿五色線紬花番布長衣下圍色絲手巾跣足出入騎象或乘小車以二黃牛前拽而行頭目所戴之冠用茭蔁葉爲之亦如其王所戴之樣但以金綵粧飾內分品級高低所穿顏色衣衫長不過膝下圍各色番布手巾王居屋宇高大蓋細長小瓦四圍墻垣用磚灰包砌甚潔其門以堅木雕刻獸畜之形爲飾民居房屋用芳草蓋覆簷高不過三尺躬身低入高者有罪服色紫白衣惟王可穿民下黃紫色並許穿衣服白者死罪國人男子髮

頭婦人櫛髻腦後身體俱黑上穿禿袖短衫圍色絲手巾俱赤脚氣候煖熱無霜雪常如四五月之時草木常青山產加藍香觀音竹降眞香烏木甚潤黑絕勝他國出者伽藍香惟此國一大山出產天下再無出處其價甚貴以銀對換觀音竹如細藤棍樣長一丈七八尺如鐵之黑一寸有二三節他所不出犀牛象牙甚廣其犀牛如水牛之形大者有七八百斤滿身無毛黑色俱生鱗甲紋癩厚皮蹄有三跲頭有一角生於鼻梁之中長者有一尺四五寸不食草料惟食刺樹刺葉併食大乾木抛糞如染坊黄櫨楂其馬低

小如驢水牛黃牛俱有鵝鴨稀少雞矮小至大者不過二斤脚高寸半及二寸止其雄雞紅冠白耳腰竅尾人拏手中亦啼甚可愛也果有梅橘西瓜甘蔗椰子波羅蜜芭蕉子之類其波羅蜜如冬瓜之樣外皮似川荔枝皮內有雞子大塊黃肉味如蜜中有子如雞腰子樣炒吃味如栗子蔬菜則冬瓜黃瓜葫蘆芥菜葱姜而已並無他物多以漁爲業少耕種所以稻穀不廣土種米粒細長多紅者大小麥俱無檳榔荖葉人不絕口而食男女婚姻但令男子先至女家成親畢過十日或半月其男家父母及諸親友以鼓

樂迎取回家則置酒作樂其酒拌藥封於甕中候熟欲飲則以長節小竹筒長三四尺者插入酒甕中環坐照人數入水輪次咂飲吸乾再添入水而飲至無味則止其書寫無紙筆用羊皮搥薄或樹皮薰黑摺成經摺以白粉載字爲記國刑罪輕者以藤條杖脊重者截鼻爲盜者斷手犯姦者男女烙面成疤痕罪甚者以硬木削尖立於小船樣木上放水中令罪人坐於尖木之上木從口出而死就水上以示衆其日月之定無閏月但十二月爲一年晝夜分爲十更用鼓打記其王年節日用生人膽汁調水沐浴其各處

頭目採取進納以爲貢獻之禮其國王爲王三十年則退位出家令弟兄子侄權管國事王往深山持齋受戒或吃素獨居一年對天誓曰我先爲王在位無道願狼虎食我或病死之若一年滿足不死再登其位復管國事國人呼爲昔嚟馬哈剌此至尊至聖之稱也一屍致魚本是人家一婦女也但眼無瞳人爲異夜寢則飛頭去食人家小兒糞其兒被妖氣侵腹必死飛頭回合其體則如舊若知而候頭飛去時移體別處回不能合則死於人家若有此婦不報官除殺者罪及一家再有一通海天潭名鼉魚潭如人有

爭訟難明之事官不能决者則令爭訟二人騎水牛赴過其潭理虧者鰐魚出而食之理直者雖過十次亦不被食最可奇也其海邊山內有野水牛甚狠原是人家耕牛走入山中自生自長年深成羣但見生人穿青者必趕來抵觸而死甚惡也番人甚愛其頭或有觸其頭者如中國殺人之恨其買賣交易使用七成淡金非銀中國青磁盤碗等品紵絲綾絹燒珠等物甚愛之則將淡金換易常將犀角象牙伽藍香等物進貢中國

爪哇國

爪哇國者古名闍婆國也其國有四處皆無城郭其他國船來先至一處名杜坂次至一處名廁材又至一處名蘇魯馬益再至一處名滿者伯夷國王居之其王之所居以磚爲墻高三丈餘週圍約有百餘步其內設重門甚整潔房屋如樓起造高每三四丈即布以板鋪細藤簟或花草席人於其上盤膝而坐屋上用硬木板爲瓦破縫而蓋國人住屋以茅草蓋之家家俱以磚砌三四土庫藏貯家私什物居止坐於其上國王之絆髼頭或帶金葉花冠身無衣袍下圍綠嵌手巾一二條再用錦綺或紵絲纏之於腰名曰

壓腰在一兩把短刀名不刺頭赤脚出入或騎象或坐牛車國人之絆男髻頭女子椎髻上穿衣下圍手巾男子腰插不刺頭一把三歲小兒至百歲老人皆有此刀皆是兎毫雪花上等賓鐵爲之其柄用金或犀角象牙雕刻人形鬼面之狀製極細巧國人男婦皆惜其頭若人以手觸摸其頭或買賣之際錢物不明或酒醉顛狂言語爭競便拔此刀刺之強者爲勝若戳死人其人逃避三日而出則不償命若當時捉住隨亦戳死國無鞭笞之刑事無大小即用細藤背縛兩手擁行數步則將不刺頭於罪人腰眼或軟肋

一二刺卽死其國風土無日不殺人甚可畏也中國歷代銅錢通行使用杜坂番名賭斑地名也此處約千餘家以上皆頭目爲王其間多有中國廣東及漳州人流居此地雞羊魚菜甚賤海灘有一小池甘淡可飲曰是聖水傳言大元時命將史弼高興征代闍婆經月不得船中之水已盡軍士失措其二將拜天祝曰奉命伐蠻天若與之則泉生不與則泉無禱畢奮力揷鎗海灘泉水隨鎗揷處湧出水味甘淡衆飲而得全生此天賜之助也至今存焉於杜阪投東行半日許至廁材番名曰豈兒昔原係枯灘之地蓋因

中國之人來此剏居遂名廝林至今財主廣東人也約有千餘家各處番人多到此處買賣其金子諸般寶石一應番貨多有賣者民甚殷富自二村投南行二十餘里到蘇魯馬益番名蘇兒把牙亦有財主掌管番人千餘家其間亦有中國人其港口有一洲林木森茂有長尾猢猻聚於上有一黑色老雄獼猴為主却有一老番婦隨伴在側其中國婦人無子嗣者備酒飯果餅之類往禱于老獼猴其老猴喜則先食其物餘令衆猴爭奪食盡隨有二猴來前交感為驗此婦回家即便有孕否則無子也甚為可怪自蘇兒

把牙小船行七八十里到埠頭名章姑登岸行投西南日半到滿者百夷即王之居處也其處番人二三百家頭目七八人以輔其王天氣長熱如夏田稻一年二熟米粒細白芝蔴菉荳皆有大小二麥絶無土產蘇木金剛子白檀香肉豆蔻蓽撥斑猫鑌鐵龜筒玳瑁奇禽有鸚鵡如母雞大紅綠鶯哥五色鶯哥鷯哥皆能效人言語珍珠雞倒掛鳥五色花斑鳩孔雀檳榔雀珍珠雀綠鳩之類異獸有白鹿白猿猴等畜其猪羊牛馬雞鴨皆有但無驢與鵝耳果有芭蕉子椰子甘蔗石榴蓮房莽吉柿西瓜郎扱之類其莽吉

柿如石榴樣皮肉如橘囊樣白皮肉四塊味甜酸甚可食郎扱如枇杷樣略大內有白肉三塊味亦甜酸甘蔗皮白麁大每根長二三丈其餘瓜茄蔬菜皆有獨無桃李韭菜國人坐臥無床凳吃食無匙筯男婦以檳榔荖葉聚蜃灰不絕口欲吃飯時先將水漱出口中檳榔渣就洗兩手干淨圍坐用盤滿盛其飯澆酥油湯汁以手撮入口中而食若渴則飲水遇賓客往來無茶止以檳榔待之國有三等人一等回回皆是西番流落此地衣食諸事皆清致一等唐人皆是廣東漳泉等處人竄居此地食用亦美潔多有從回

回教門受戒持齋者一等土人形貌甚醜異様頭赤脚崇信鬼教佛書言鬼國其中即此地也人吃食甚是穢惡如虵蟻及諸蟲蚓之類略以火燒微熟便吃家畜犬與人同品而食夜則共寢甜無忌憚舊傳鬼子魔王青面紅身赤髮正于此地與一罔象相合而生子百餘常啖血食人多被食忽一日雷震石裂中坐一人衆稱異之遂推爲王即令精兵驅逐罔象等衆而不爲害後復生齒而安焉所以至今人好凶强年例有一竹鎗會但以十月爲春首國王令妻坐一塔車于前自坐一車于後其塔車高丈餘四面有窻

下有轉軸以馬前拽而行至會所兩邊擺列隊伍各執竹鎗一根其竹鎗實心無鐵刃但削尖而甚堅利對手男子各攜妻奴在彼各妻手執三尺短木棍立於其中聽鼓聲緊慢爲號二男子執鎗進步抵戳交鋒三合二人之妻各持木棍格之曰那剌那剌則退散設被戳死其王令勝者與死者家人金錢一筒死者之妻隨勝者男子而去如此勝負爲戲其婚姻之禮則男子先至女家成親三日後迎其婦男家則打銅鼓銅鑼吹椰殼筒及打竹筒鼓并放火銃前後短刀團牌圍記其婦披髮裸體跣足圍繫絲嵌手巾項

佩金珠聯紉之飾腕帶金銀寶裝之鐲親朋隣里以檳榔荖葉線紉花草之類粧飾綵船而伴送之以爲賀喜之禮至家則鳴鑼皷飲酒作樂數日而散凡喪葬之禮如有父母將死爲兒女者先問於父母死後或犬食或火化或棄水中其父母隨心所願而囑之死後即依遺言所斷送之若欲犬食者即擡其屍至海邊或野外地上有犬十數來食盡屍肉無遺爲好如食不盡則子女悲號哭泣將遺骸棄水中而去又有富人及頭目尊貴之人則手下親厚婢妾先與主人誓曰死則同往至死後出殯之日木搭高棚下垛

柴堆縱火焚柩候燄盛之際其原誓婢妾二三人則滿頭帶草花身披五色花手巾登跳號哭良久攛下火內同主屍焚化此爲殯葬之禮番人殷富者甚多買賣交易行使中國歷代銅錢書記亦有字如鎖俚字同無紙筆用茭蔁以尖刀刻之亦有文法國語甚美軟斤秤之法每斤二十兩每兩十六錢每錢四姑邦該官秤二分一釐八毫七絲五忽每錢該官秤八分七釐五毫每兩該官秤一兩四錢每斤該官秤二十八兩升斗之法截竹爲升爲一姑剌該中國官升一升八合每番斗一斗爲一榛棸該番升一升記官

升一斗四升四合每月至十五十六夜月圓清明之夜番婦二十餘人或三十餘人聚集成隊一婦爲首以臂膊遮相聯綰不斷于月下徐步而行爲首者口語番歌一句衆皆齊聲和之到親戚富貴之家門首贈以銅錢等物名爲步月行樂而已有一等人以紙畫人物鳥獸鷹蟲之類如手卷樣以三尺高二木爲畫榦止齊一頭其人蟠膝坐於地以圖畫立地立展出一段朝前番語高聲解說此段來歷衆人圍坐而聽之或笑或哭便如說平話一般國人最喜中國青花磁器并麝香花銷紵絲燒珠之類則用銅錢買易

國王常差頭目船隻將方物進中國

舊港國

舊港即古名三佛齊國是也浡淋邦屬爪哇國所轄東接爪哇西接滿剌加國界南大山北臨大海諸處船來先至淡港入彭家門裏繫船岸多磚塔用小船入港則至其國國人多是廣東漳泉州人逃居此地人甚富饒地土甚肥腴云一季種田三季收稻正此也地方不廣人多操習水戰其處水多地少頭目之家都在岸地造屋而居其餘民庶皆在木筏上蓋屋居之用椿纜拴繫在岸水長則筏浮不能淹沒或用別

處居之則起樁連屋而去不勞搬徙其港中朝暮二次暗長潮水人之風俗婚姻死喪言語皆與爪哇相同昔洪武年間廣東人陳祖善等全家逃於此處充爲頭目甚是豪横凡有經過客人船隻輒便刼奪財物至永樂五年　朝廷差太監鄭和統領西洋大䑸寳船到此處有施進卿者亦廣東人也來報陳祖義兇横等情被太監生擒陳祖義回　朝伏誅就賜施進卿冠帶歸舊港爲大頭目以主其地本人死位不傳子是其女施二姐爲王一切賞罰黜陟皆從其制土產鶴頂鳥黃連香降眞香沉香黃蠟之類金銀香

中國皆不出其香如銀匠鈒銀器黑膠相佀中有一塊佀白蠟一般在內好者白多黑少低者黑多白少燒其香氣味甚别爲觸人鼻西番并鎖俚人甚愛此香隺頂鳥大如鴨毛黑頸長嘴尖其腦蓋骨厚寸餘外紅裡如黃蠟之嬌甚可愛謂之隺頂堪作腰刀靶鞘擠機之類又出一等火雞大如仙隺圓身簇頸比隺頸更長有軟紅冠佀紅帽之狀二片生於頸中嘴尖渾身毛如羊毛稀長青色脚長鐵黑爪甚利害亦能破人腹腸出即死好吃炔炭遂名火雞用棍打碎莫能死又山産一等神獸名曰神鹿如巨猪高三尺

許前半截黑後一段白花毛純短可愛嘴如豬嘴不平如豬蹄脚有三路止食草木不食葷腥其牛羊豬犬雞鴨并蔬菜瓜果之類與爪哇一般皆有彼處人多好博戲如把龜奕棊鬭雞皆賭錢物市中交易亦使中國銅錢并布帛之類亦將方物貢於中國

暹羅國

自占城向西南船行七晝夜順風至新門臺海口入港纔至其國國週千里外山崎嶇內地潮濕土瘠少堪耕種氣候不正或寒或熱其王居之屋頗華麗整潔民庶房屋起造如樓上不通板却用檳榔木劈開

如竹片樣密擺用藤扎縛甚是堅固上鋪藤簟竹席坐臥食息皆在其上王者之絆用白布纏頭上不穿衣下圍綠嵌手巾加以錦綺壓腰出入騎象或乘轎一人執金柄傘茭蔁葉做甚好王係鎖俚人氏崇信釋教國人爲僧爲尼姑者極多僧尼服色與中國頗同亦住庵觀持齋受戒風俗凡事皆是婦人主掌其國王及下民若有謀議刑罰輕重買賣一應巨細之事皆決於妻其婦人志量果勝於男子若有妻與我中國人通好者則置酒飯同飲坐寢其夫恬不爲怪乃曰我妻美中國人喜愛男子椎髻用白頭布纏頭身

穿長衫男子年二十餘歲則將些物週迴之皮如韭菜樣細刀挑開嵌入錫珠十數顆皮內用藥封護待瘡口好纔出行走如葡萄一般自有一等人開鋪專與人嵌銲以爲藝業如國王或大頭目或富人則以金爲虛珠內安砂子一粒嵌之行走扱扱有聲爲美不嵌珠之男子爲下等人也最爲可恠之事男女婚姻先請僧迎男子至女家就是僧討取童女喜紅貼於男子之面額名曰利市然後成親過三日後又請僧及諸親友拌檳榔綵船等物迎女歸男家則置酒作樂待親友死喪之禮凡富貴人死則用水銀灌於

腹內而葬之閒下人死檯屍於郊外海邊放沙際隨
有金色之鳥大如鵝者三五十數飛集空中下將屍
肉盡食飛去餘骨家人號泣就棄海中而歸謂之鳥
葬亦請僧設齋誦經禮佛而已國之西南去百里有
一市鎮名上水可通雲後門此處有番人五六百家
諸色番貨皆有賣者紅馬厮肯的石此處多有賣者
此石在紅雅姑肩下明淨如石榴子一般中國寶船
到暹羅亦用小船去做買賣其國產黃連香羅褟速
香降眞香沉香花梨木白荳蔻大風子血褟藤結蘇
木花錫象牙翠毛等物其蘇如薪之廣顏色絕勝他

國出者異獸有白象獅子猫白鼠其蔬菜之類如占城一般酒有米酒椰子米俱是燒酒甚賤牛羊雞鴨等畜皆有國俗頗似廣東鄉談民俗囂淫好習水戰常差部領討伐鄰邦海叭當錢使用不拘金銀銅錢俱使王差頭目將蘇木降香等寶進貢中國

滿剌加國

自占城向正南好風船行八日到龍牙門入門往西行二日可到此處舊不稱國因海有五嶼之名耳無國王止有頭目掌管此地屬暹羅所轄歲輸金四十兩否則差人征伐永樂七年巳丑上命正使太監鄭

和統齋　詔勅賜頭目雙臺銀印冠帶袍服建碑封
城遂名滿剌加國是後暹羅莫敢侵擾其頭目蒙恩
爲王挈妻赴　京朝謝貢進方物　朝廷又賜與海
船回國守土其國東南是大海西北是老岸連山沙
滷之地氣候朝熱暮寒田瘦穀薄人少耕種有一大
溪河水下流從王居前過入海其王於溪上建立木
橋上造橋亭二十餘間諸物買賣俱在其上國王國
人皆從回回教門持齋受戒其王服用以細白番布
纏頭身穿細花青布如袍長衣腳穿皮鞋出入乘轎
國人男子方帕包頭女人撮髻腦後身體微黑下圍

白布手巾上穿色布短衫風俗淳朴房屋如樓閣之制上不鋪板但高四尺許之際以椰子樹劈成片條稀布於上用藤縛定如羊棚樣自有層次連牀就榻盤膝而坐飲臥廚灶皆在上也人多以漁爲業用獨木刳舟泛海取魚土產黄連香烏木打麻兒香花錫之類打麻兒香本是一等樹脂流出入土掘出如松香瀝青之樣火燒卽着番人皆以此物照當燈番船造完則用此物熔塗於縫水莫能入甚好彼人多採取轉賣他國内有明淨好者却似金珀一樣名損都盧廝番人做成帽珠而賣今水珀卽此物也花錫有

二處山塲王命頭目主之差人淘煎鑄成斗樣以爲小塊輸官每塊重官秤一斤八兩或一斤四兩每十塊用藤縛爲小把四十塊爲一大把通市交易皆以此錫行使國語并書記婚姻之禮頗與爪哇同山野有一等樹名沙孤樹鄉人以此物之皮如中國葛根擣浸澄濾其粉作丸如菉豆大晒干而賣作飯喫海之洲渚岸邊生一等木草如茭蔁葉長如刀茅樣似苦笋殼厚性軟結子如荔枝樣雞子大人取其子釀酒名茭蔁酒飲之亦能醉人鄉人取其葉結竹細簟止濶二尺長丈餘爲席而賣果有甘蔗巴蕉子波羅

密野荔枝之類菓菜葱薑蒜芥東瓜西瓜皆有牛羊雞
鴨雖有而不多價貴其水牛一頭值銀一斤以上驢
馬皆無其海邊水内龜龍傷人其龍高三四尺四足
滿身鱗甲背刺排生龍頭撩牙遇人即嚙山出黃虎
比中國黃虎略小其毛黑亦有暗花紋黃虎亦城國
中有虎化爲人入市混人而行自有識者擒而殺之
如占城屍頭蠻此處亦有中國寶船到彼則立排柵
城垣設四門更鼓樓夜則提鈴廵警内又立重柵小
城蓋造庫藏倉廒一應錢糧頓在其内去各國船隻
回到此處取齊打整番貨裝載船内等候南風正順

於五月中旬開洋回還其國王亦自採辦方物撘妻
子帶領頭目駕船跟隨寶船赴　闕進貢

啞魯國

自滿剌加國開船行四晝夜可到其國有港名淡水
港一條入港到國南是大山北是大海西連蘇門答
剌國界東有平地堪種旱稻米粒細小糧食頗有民
以耕漁爲業風俗淳朴國內婚喪等事皆與爪哇滿
剌加國相同貨用稀少棉布名考泥并米穀牛羊雞
鴨其廣乳駱多有賣者其國王國人皆是回回山人
林中出一等飛虎如猫大遍身毛灰色有肉翅如蝙

蝠一般但前足肉翅生連後足能飛不遠人或有獲得者不服家食即死土產黃連香之類乃小國也

蘇門答剌國 附那孤兒國

蘇門答剌即古須文達那國是也其處乃西洋之總路寶船自滿剌加國向西東好風五晝夜先到濱海一村名荅魯蠻繫船往東南十餘里可到其國無城郭有一大溪水流出於海一日二次潮水長落其海口浪大船隻常有沉沒其國南去有百里數之遠是大深山北是大海東亦是大山至阿魯國界正西邊大海連小國二處先至那孤兒王界又至黎代王界

其蘇門答剌國王先被那孤兒花面王侵掠戰鬬身中藥箭而死有一子幼小不能與父報仇其王之妻與衆誓曰有能報夫死之讐復全其地者吾願妻之共主國事言訖本處有一漁翁奮志而言我能報之遂領兵衆當先殺敗花面王復雪其讐花面王被殺其衆退伏不敢侵擾王妻不負前盟即與漁人配合稱爲老王家室地賦之類悉聽老王裁製永樂七年効職進貢方物而沐 天恩永樂十年復至其國其先王之子長成陰與部領合謀弑義父漁翁奪其位管其國漁人有嫡子名蘇幹剌領衆挈家逃去隣山自

立一寨不時率衆侵復父讎永樂十三年正使太監
鄭和等統領大䑸寶船到彼發兵擒獲蘇幹剌赴
國明正其罪其王子感荷　聖恩常貢方物於朝廷
其國四時氣候不齊朝熱如夏暮寒如秋五月七月
間亦有瘴氣山產硫黃出於岩穴之中其山不生草
木土石皆焦田土不廣惟種旱稻一年二熟大小二
麥皆無其胡椒倚山居住人家置園種之藤蔓而生
若中國廣東甜葉樣開花黃白結椒成實生則青老
則紅候其半老之時擇採晒干貨賣其椒粒虛大者
此處椒也每官秤一百斤彼處賣金錢八十箇銀一

兩果有芭蕉子甘蔗莽吉柿波羅蜜之類有一等夏菓番名賭爾烏如中國水雞頭樣長八九寸皮生尖刺熟則五六瓣裂開若爛牛肉之臭有栗子大酥白肉十四五塊甚甜美可食中有子炒而食之其味如栗酸橘甚廣四時常有若洞庭獅柑綠橘樣不酸可以久留不爛又一等酸子番名俺拔如大消梨樣頗長綠皮其氣香烈欲食簽去其皮批切外肉而食酸甜甚美核如雞子大其桃李等果俱無蔬菜有葱蒜薑芥東瓜至廣長久不壞西瓜綠皮紅子有長二三尺者人家廣養黃牛乳酪多有賣者羊皆黑毛並無

白者雞無刷者番人不識扇雞惟有母雞雄雞大者七斤略煮便軟其味甚美絶勝別國之雞鴨脚低矮大有五六斤者桑樹亦有人家養蠶不會繰絲只會做棉其國風俗淳厚言語婚喪穿拌衣服等事皆與滿剌加國相同其民之居住其屋如樓高不鋪板但用椰子檳榔木劈成條片以藤扎縛再鋪藤簟於上而居之高處亦鋪閣栅此處多有番船往來所以番貨多有賣者其國使金錢錫錢金錢番名底脚兒以七成金鑄造每箇圓徑官寸五分而底有紋官秤二分三厘凡買賣到以錫錢使用那孤王又名花面王

在蘇門荅剌西地連止有一大山村但所管人民皆於面上刺三尖青花爲號所以稱爲花面王地方不廣人民止有千餘家田少人多以耕陸爲生米糧稀少猪羊雞鴨皆有言語動靜與蘇門荅剌國相同土無出産乃小國也

黎代國

在那孤兒地界之西此處南是大山北臨大海西連南浡里國爲界國人三千家自推一人爲王以主其事屬蘇門荅剌國所轄土無所産言語行用與蘇門荅剌同山有野犀牛至多王亦差人捕獲隨同蘇門

荅剌國進貢中國

南浡里國

自蘇門荅剌往正西好風行三晝夜以到其國邊海人民止有千家之餘皆是回回人甚是朴實地方東接黎代王界西北皆臨大海南去是山之南又是大海國王亦是回回人王居屋處用大木高四丈如樓起造樓下俱無裝折縱放牛羊牲畜在下樓上四邊以板折落甚潔坐卧食處皆在其上民居之屋與蘇門荅剌國同其處黃牛水牛山羊雞鴨蔬菜皆少魚鰕甚賤米穀少使用銅錢山產降眞香此處至好名

蓮花降幷有牟牛國之西北海內有一太平頂峻山半日可到名帽山之西大海正是西洋也名那沒嚓洋西來過洋船隻俱雙此山爲准其山邊二丈上下淺水內生海樹彼人撈取爲寶物貨賣即珊瑚也其樹大者高三尺根頭有一大拇指大根如墨之沉黑如玉石之溫潤梢上椏枝婆娑可愛根頭大處可碾爲帽珠器物其帽山脚下亦有居民二三十家各自稱爲王若問其姓名則曰阿菰喇楂我便是王之荅或問次曰阿菰喇楂我亦是王甚可嘆也其國屬南浡里國所轄其南浡王常根寶船將降眞香等物貢

於中國

錫蘭國　裸形國

自帽山南放洋好風向東北行三日見翠藍山在海中其山三四座惟一山最高大番名梭篤蠻山彼處之人巢居穴處男女赤體皆無寸絲如獸畜之形土不出米惟食山芋波羅蜜芭蕉子之類或海中捕魚鰕而食人傳云若有寸布在身即生爛瘡昔釋迦佛過海於此處登岸脫衣入水澡浴彼人盜藏其衣被釋迦呪訖以此至今人不能穿衣俗言出卵塢即此地也過此投西船行七日見鸎歌嘴山再三兩日到

佛堂山纔到錫蘭國馬頭名別羅里泊船登岸海邊山脚光石上有一足跡長二尺許云是釋迦從翠藍山來從此處登岸脚踏此跡存焉中有淺水不乾人皆手蘸其水洗面拭目曰佛水清淨左右佛寺內有釋迦佛混身側臥尚存不朽其寢座用各樣寶石粧嵌沉香木爲之甚是華麗及有佛牙并活舍利子等物在堂其釋迦涅槃正此處也去北四五里纔到王居之城國王係鎖俚人氏崇信釋教尊敬象牛人將牛糞燒灰遍搽其體牛不敢食止食其乳如有牛死即埋之若私宰牛者王法罪死或納牛頭金以贖其

罪王之居址大家小戶每日將牛糞用水調稀遍塗屋下地面然後拜佛兩手直舒於前兩腿直伸於後胷腹皆貼地而爲拜王居之側有一大山侵雲高聳山頂有人脚跡一箇入石深二尺長八尺餘云是人祖阿聃聖人卽盤古之足跡也此山內出紅雅姑青雅姑黃雅姑青米藍石昔剌泥窟沒藍等一切寶石皆有每有大雨冲出土流下沙中尋拾則有常言寶石乃是佛祖眼泪結成其海中有雪白浮沙一片日月照其沙光采瀲灧日有珠螺蚌聚集沙上其王置珠池二三年一次令人取螺蚌傾入池中差人看守

此池淘珠納官亦有偷盜賣者其國地廣人稠亞於爪哇民俗饒富男子上身赤剥下圍色緑手巾加以壓腰滿身毫毛俱剃淨止留其髮用白布纏頭如有父母死者其鬚毛即不剃此爲孝禮婦人撮髻腦後下圍白布其新王小兒則剃頭女則髻髻不剃就養至成人無酥酪牛乳不食飯人欲食飯則於暗處潛食不令人見檳榔荖葉不絶於口米穀芝蔴菉荳皆有惟無麵麥椰子至多油酒糖飯此物借造而食人死則以火化埋骨其喪家聚親鄰之婦都將兩手齊拍胸乳而叫號哭泣爲禮果有芭蕉子波羅蜜甘蔗

瓜茄蔬菜牛羊雞鴨皆有王以金爲錢通行使用每錢一箇重官秤一分六厘中國射香紵絲色絹青磁盤碗銅錢樟腦甚喜則將寶石珍珠換易王常差人賫寶石等物隨同回洋寶船進貢中國

小葛蘭國

自錫蘭國馬頭名別羅里開船往西北好風行六晝夜到其國邊海東連大山西是大海南北地狹連海而居國王國人皆鎖里人氏崇信釋教尊敬象牛婚姻等事與錫蘭國同土產蘇木胡椒不多其果菜之類皆有牛羊頗異其羊脚高二三尺者黄牛有三二

四斤者酥油多有賣者人一日二飡皆用酥油拌飯而食王以金鑄錢每箇重官秤二分通行使用雖是小國其王亦將方物差人貢於中國

柯枝國

自小葛蘭國開船沿山投西北好風行一晝夜到其國港口稍船本國東是大山西臨大海南北邊海有路可往鄰國其國王亦鎖俚人氏頭纏黃白布上不穿衣下圍紵絲手巾再用紵絲顏色者纏之於腰名曰壓腰其頭目及富人服用與王者頗同民居之屋用椰子木起造用椰子葉編成片如草苫樣蓋之雨

不能漏家家用磚砌土庫止分大小凡有細軟之物俱放於內以防火盜國有五等人名南昆與王同類一等有剃頭挂線在頸者最爲貴族二等回回人三等人名哲地係有錢財主四等人名革令專與人作牙保五等人名木瓜至低賤之人也至今此輩在海濱居住房簷高不過三尺高者有罪其穿衣上不過臍下不過膝其出於途如遇南昆哲地人即伏於地候過即起而行木瓜之輩專以漁及擡負挑擔爲生官不容穿長衣其經商買賣如中國儺人一般其國王崇信佛教尊敬象牛建造佛像以銅鑄仙像用青

石砌座佛座邊週圍砌成水溝傍穿一井每日侵晨則鳴鍾擊鼓汲井水於佛頂澆之再三衆皆羅拜而退另有一等人名濁肌即道人也亦有妻子此輩自出母胎髮不經剃亦不梳篦以酥油等物將髮樣成條縷或十餘條披拽背後却將牛糞燒成白灰遍搽其體上下無衣止用指大黄藤兩轉緊縛其腰又以白布爲梢子手拏大海螺常吹而行其妻略以布遮其醜隨夫而行此等即出家人倘到人家則與錢米等物其國氣候常煖如夏無霜雪每至二三月日夜間則下陣雨一二次番人各整蓋房屋備辦食用至

五六月日夜間下滂沱大雨街市成河人莫能行大家小户坐候雨信過七月纔晴到八月半後晴起到冬點雨皆無直至次年二三月間又下雨常言半年下雨半年晴正此處也土無他出山有胡椒人多置園圃種椒爲產每年椒熟本處自有收椒大戶置倉盛貯待各處番商來買論播荷說價每一播荷該番秤二百五十封剌每一封剌該番秤十斤記官秤十六斤每一播荷該官秤四百斤賣彼處金錢或一百箇或九十箇直銀五兩各稱哲地者皆是財主專一收買下寶石珎珠香貨之類候中國寶石船或別國番

船客人來買珎珠以分數論價而買且如珠每顆重三分半者賣彼處金錢一千八百箇直銀一百兩珊瑚枝梗其哲地論斤重買下顧倩匠人剪斷車旋成珠洗磨光淨亦秤分兩而買王以九成金鑄錢行使名曰法南重官秤一分二厘又以銀爲錢比海螺靨大每個官秤四厘名曰咨兒每金錢一箇倒換銀錢十五個街市行使零用國人婚喪之禮各依本類不同米粟麻荳黍稷皆有只無大小二麥象馬牛羊犬猫雞鴨皆有只無驢與鵝爾國王亦差頭目隨共回洋寶船將方物進貢中國

古里國

即西洋大國從柯枝國港口開船往西北行三日方到其國邊海山之東有五七里遠通坎巴美國西臨大海南連柯枝國界北邊相接狠奴兒地面西洋大國正此地也永樂五年　朝廷命正使太監鄭和等齎詔勅賜其王誥命銀印給賜陞賞各頭目品級冠帶統領大䑸寶船到彼起建碑庭立石云去中國十萬餘里民物熙皞大同風俗刻石于茲永樂萬世國王係南昆人崇信佛教尊敬象牛國人內有五等回回人南昆人哲地人革令人木瓜人王是南昆人皆

不食牛肉大頭目是回回人不食豬肉先是王與回
回人誓定爾不食豬我不食牛互相禁忌至今尚然
王以銅鑄佛像名乃納兒起造佛殿以銅鑄瓦而蓋
佛座傍掘井每日侵晨王至汲水浴佛拜訖令人收
取牛糞塗擦又將牛糞燒成白灰研細用好布爲小
袋盛灰常帶在身每日侵晨洗面畢取牛糞灰調水
搽塗其額并兩股間各三次爲敬佛之誠傳云昔有
一聖人名某些立教化人人知其是眞天人皆欽從
以後聖人同往他所令其弟名撒沒嚟掌管教人其
弟心起矯妄鑄一金犢曰此是聖主凡叩之則有靈

騐教人聽命崇敬其金牛曰常糞金人得金心愛而忌天道皆以牛眞主後某些聖人回還見衆人被弟撒没嚟惑壞聖道遂廢其牛而欲罪其弟弟騎一大象遁去後人懸望其還若言月初則言月中必至及月中又言月盡必至至今望之不絕南昆人敬象牛由此故也王有大頭目二人掌管國事國中俱是回回人奉回回教禮拜寺有二三十處七日一次行禮拜至日本家齋沐諸事不幹巳午時大小男子到寺禮拜至未時方散回家纔做買賣幹理家事人甚誠信濟楚標致其二大頭目受中國朝廷陞賞若寶船

到彼全憑二八主爲買賣王差頭目并哲地未訥几計書筭于官府牙人來會領船大人議擇某日打價至日先將帶去錦綺等物逐一議價已定隨寫合同價數各收其頭目哲地即與内官大人衆手相挐其牙人則言某月某日於衆手中拍一掌已定或貴或賤再不悔改然後哲地富户纔將寶石珍珠珊瑚等物來看議價非一日能定快則一月緩則二三月若價錢較議已定如買一主珍珠等物該價若干是原經手頭目未訥几計筭該還紵絲等物若干照原打手之貨交還毫釐無改彼之筭法無筭盤則以兩手

兩脚并二十指計筭毫厘無差甚異于常王吕六成
金鑄錢行使名吧南每箇官秤三分八厘向底有紋
重官秤一分又以銀爲錢名搭見每箇約重二厘零
用此錢衡法每番秤一錢該官秤八分每番秤一兩
計十六錢該官秤一兩二錢八分番秤三兩爲一斤
官秤一觔九兩六錢其番秤名番剌失秤之權釘定
於衡未稱準則活動於衡中提起平爲定盤星稱物
則移准向前止可秤十觔該官秤十六觔秤香貨之
類二百觔番秤爲一播荷該官秤三百二十觔若稱
胡椒二百五十觔爲一播荷該官秤四百觔巨細之

物以用天平稱兑其量法官鑄銅爲升行使番名黨
戞黎每升該官升一升六合西洋布本國名指黎布
出於鄰境坎巴夷等處每疋四尺五寸長二丈五尺
賣彼處金錢八箇或十箇國人亦將蠶絲練染各色
織間道花手巾闊四五尺長一丈二三尺每條賣金
錢一百箇胡椒山鄉住人置園多種到十月間椒熟
晒乾而賣自有收椒大戶來收上官庫收貯若有買
者官與發賣見數計筭脫身納官每胡椒一播荷賣
金錢二百箇其哲地多收買下各色寶石珍珠并做
下珊瑚珠等物各處番船到彼國王亦差頭目并寫

字人等眼同而賣就取稅錢納官富家多種椰子樹
或一千二千三千株爲產業其椰子有十般使用嫩
者有漿甚甜好喫可釀酒老者椰肉打油做糖做飯
吃外包之穰打索造船椰殼爲碗爲杯又好燒灰打
箱金銀細巧生活樹好造屋葉好蓋屋蔬菜有芥姜
蘿蔔胡荽葱蒜葫蘆茄子菜瓜東瓜四時皆有又有
一等小瓜如指大長二寸許如青瓜之味其葱紫皮
如蒜大頭小葉稱觔而賣波羅蜜芭蕉子廣有賣者
木別子樹高十餘丈結子如緑柿樣內包其子三四
十箇熟則自落其蝙蝠如鷹之大都在此樹上倒掛

而歇米紅白皆有麥大小俱無其麪皆從別處販來
賣雞鴨廣有無鵝羊脚高灰色如驢駒子之樣水牛
不甚黃大牛有三四百觔者人不食其肉止食其乳
酪人無酥油不吃飯其牛養至老死即埋之各色海
魚極賤鹿兎亦有賣者人家多養孔雀禽有烏鴉鷹
鷺燕子其餘飛鳥並無行術亦會彈唱以葫蘆殼爲
樂器紅銅絲爲絃唱番歌相和而彈音韻堪聽民俗
婚喪之禮鎖俚人回回各依自家本等體例不同其
王位不傳於子而傳於外甥傳甥止論女腹所生爲
嫡族其王若無姊妹傳之於弟若無弟遜與有德之

人世代相仍如此王法無鞭笞之刑罪輕者截手斷足重則罰金誅戮甚則抄封滅族人有犯法者拘之到官即伏其罪若事寃枉不伏者則於王前或大頭目前置一鐵鍋盛油四五觔煎滾先以樹葉投試爆彈有聲遂令其人以右手二指煠於油内片時待焦方起用布包裹封記監留在官二三日後聚衆開封視之若手爛潰其事不枉即加以刑若手如舊不損則釋之頭目人等以鼓樂禮送此人回家諸親鄰友饋禮相賀飲酒作樂最爲奇異王欲進貢用好赤金五十兩令番匠抽如髮細金絲結綰成片以各色寶

石大珍珠廂成寶帶一條差頭目乃那進奉中國

溜山國

自蘇門荅剌開船過小帽山投西南好風行十日可到其國番名牒幹無城郭倚山聚居四圍皆海如洲渚一般地方不廣國之西去程途不等海中天生石門一座如城闕樣有八大處溜各有其名一曰沙溜二曰人不知溜三曰起泉溜四曰麻里奇溜五曰加半年溜六曰加加溜七曰安都里溜八曰官瑞溜此八處皆有所主而通商船再有小窄之溜傳云三千有餘溜此謂弱水三千此處是也其間人皆巢居穴

處不識米穀只捕魚鰕而食不解穿衣以樹葉遮其前後設遇風水不便舟師失針舵損船過其溜落於瀉水漸無力而沉大槩謹防此也牒幹國王頭目民庶皆是回回人風俗純美所行悉遵教門規矩人多以漁爲業種椰子爲生兒女體貌微黑男子白布纏頭下圍手巾婦人上穿短衣下亦以濶布手巾圍之及用濶大布手巾過頭遮蓋止露其面婚喪之禮悉依回回教門規矩而後行土產降眞香也不多椰子甚廣各處來收買往別國貨賣有等小樣椰子殼彼人縱做酒鍾以花梨木爲足用番漆漆其口足甚爲

希罕其椰子外包之穰打成麄細繩索堆積在家各處番船上人亦來買賣與別國造船等用其造番船皆不用釘止鑽其孔皆以此索聯縛加以木楔然後以番瀝青塗縫水不能漏其龍涎香漁者常於溜處採得如水浸瀝青之色嗅之無香火燒腥氣其價高貴以銀對易海叭彼人採積如山罨爛亦賣敗他處名曰海溜魚而賣之織一等絲嵌手巾其密實長濶絕勝他處所織者又一等織金方帕與男子纏頭價有賣銀五兩之貴者天之氣候常熱如夏土瘦米少無麥蔬菜不廣牛羊雞鴨皆有餘無所出王以銀鑄

錢使用中國寶船一二隻亦到彼處收買龍涎香椰子等物乃一小邦也

祖法兒國

自古里國開船投西北好風行十晝夜可到其國邊海倚山無城郭東南大海西北重山國王國人皆奉回回教門人體長大貌豐偉語言朴實王者之絆以白細番布纏頭身穿青花如大指大細綠嵌蓋頭或金錦衣袍足穿番靴或淺面皮鞋出入乘轎或騎馬前後擺列象駝馬隊牌手吹篳篥鎖㖊簇擁而行民下所服衣冠纏頭長衣腳穿靴鞋如遇禮拜日上半

日市絶交易男女長幼皆沐浴既畢即將薔薇露或沉香并油搽面并四體俱穿齊整新淨衣服又以小土爐燒沉檀俺八兒等香立於爐上薰衣體纔往禮拜寺拜畢方回經過街市半晌薰香不絶婚喪之禮素遵回回教規而行土產乳香其乳乃樹脂也其樹似榆而葉尖長彼人斫樹取香而賣中國寶船到彼開讀賞賜畢王差頭目遍諭國人皆將乳香血竭蘆薈沒藥安息香蘇合油木別子之類來換易紵絲磁器等物此處氣候常如八九月不冷米麥豆粟黍稷麻穀及諸般蔬菜瓜茄牛羊馬驢猫犬雞鴨山中亦

出駝雞土人捕來賣其身匾頸長如鶴脚高三四尺每脚止有二指毛如駱駝食綠豆等物行似駱駝因此名駝雞其駱駝单峰人皆騎坐街市殺賣其肉其王鑄金錢名倘伽每箇重官秤二分徑一寸五分一面有紋一面人形之紋又以紅銅鑄爲小錢徑四分零用進貢乳香駝雞等物

阿丹國

自古里國開船投正西兌位好風行一月可到其國邊海離山遠國富民饒國王國人皆奉回回教門說阿剌壁言語人性强梗有馬歩鋭兵七八千所以國

勢威重鄰邦畏之永樂十九年欽　命正使太監李
等賫　詔勅衣冠賜其王酋到蘇門荅剌國分䑸
內官周　領駕寶船數隻到彼王聞其至即率大小
頭目至海濱迎接詔賞至王府行禮甚恭謹感伏
開讀畢國即諭其國人但有珍寶許令賣易在彼買
得重二錢許貓睛石各色雅姑等異寶大顆珍珠珊
瑚樹高二尺者數株又買得珊瑚枝五櫃金珀薔薇
麒麟獅子花貓鹿金錢豹駝雞白鳩之類國王之絆
頭戴金冠身穿黃袍腰繫寶粧金帶至禮拜畢換細
白番布纏頭上加金錦之頂身穿白袍坐車列隊而

行其頭目冠服各有等第不同國人穿絆男子纏頭穿撒哈喇梭幅錦繡紵絲等衣足着靴鞋婦人之絆身穿長衣肩項佩寶石珍珠纓絡如觀音之絆耳帶金廂寶環四對臂纏金寶釧鐲手指又帶指環又用絲嵌手巾蓋于頂上止露其面凡國人打造鈒細金銀首飾等項生活絕勝天下又有市肆混堂并熟食綵帛書籍諸色什物鋪店皆有王用赤金鑄錢行使名甫嚕嚟每箇重官秤一錢底面有紋又用紅銅鑄錢名甫哺斯零使其地氣候溫和常如八九月日月之定無閏月惟以十二箇月爲一年月之大小若頭

夜見新月明日卽月一也四季不定自有陰陽人推筭其日爲春首後果然花草開榮其日是初秋果然木葉彫落及於日月交食風雨潮汛無不准者人之飲食米麵諸品皆有多以乳酪酥油糖蜜制造而食米麥穀粟麻豆并諸色蔬菜俱有果子有萬年棗松子把擔乾葡萄核桃花紅石榴桃杏之類象駝驢騾牛羊雞鴨猫犬皆有止無猪鵝綿羊白毛無角於角處有兩搭圓黑其頸下如牛袋一般其毛短如狗其尾大如盤民居房屋皆以石砌上以磚蓋或土蓋有石砌三層高四五丈者土産紫檀木薔薇露簷蔔花

無核白葡萄并花福鹿青花白駝雞大尾無角棉羊
其福鹿如騾子樣白身白面眉心細細青條花起滿
身至四蹄細條如間道如畫青花白駝雞如福鹿一
般麒麟前二足高九尺後兩足約高六尺頭擡頸長
一丈六尺首昂後低人莫能騎頭生二短角在耳邊
牛尾鹿身蹄有三跲匾口食粟豆麪餅其獅子身形
似虎黑黃無斑頭大口濶尾尖毛多黑長如纓聲吼
如雷諸獸見之伏不敢起乃獸中之王也其國王感
荷　聖恩特造金廂寶帶二條窟嵌珍珠寶石金冠
一頂并雅姑等各樣寶石地角二枚金葉表文進貢

中國

榜葛剌國

自蘇門荅剌國開船取帽山并翠藍島投西北上好風行二十日先到浙地港泊船用小船入港五百餘里到地名鎖納兒港登岸向西南行三十五站到其國有城郭其王府大小一應衙門皆在城內其國地方廣闊物穰民稠舉國皆是回回人民俗淳善富家造船往諸番國經營者多出入傭伎者亦多人之容體皆黑間有一白者男子皆剃髮以白布纏之身服從頭套下圓領長衣下圍各色濶手巾足穿淺面皮

鞋其國王并頭目之服俱服回回教禮冠衣甚整麗
國語皆從榜葛里自成一家言語說吧兒西語者亦
有之國王以銀鑄錢名倘伽每箇重官秤二錢徑官
寸一寸二分底面有紋一應買賣皆以此錢論價零
用海𧴩番名考嚟論箇數交易民俗冠喪祭婚姻之
禮皆依回回教門四時氣候常熱如夏稻穀一年二
熟米粟細長多有細紅米粟麥芝蔴各色荳黍薑芥
葱蒜瓜茄蔬菜皆有果有芭蕉子酒有三四等椰子
酒米酒樹酒茭蔁酒各色法制多有燒酒市賣無茶
人家以檳榔待人街市一應鋪店混堂酒飯甜食等

肆都有駝馬驢騾水牛黃牛山羊棉羊鵝鴨雞猪犬猫等畜皆有果則波羅蜜酸子石榴甘蔗沙糖白糖糖霜果蜜煎之類土產五六樣細布一樣蓽布番名卑治濶三尺餘長五丈六七尺此布勻細如粉箋一般薑黃布番名滿者提濶四尺許長五丈餘此布緊密壯實一樣沙納乞付濶五尺長三丈便如生平羅樣即布羅也一樣番名忻白勤搭黎濶三尺長六丈布眼稀勻即布紗也皆用此布纏頭一樣沙褟兒濶二尺五六寸長四丈餘好三梭布一般有一樣番名驀黑驀勤濶四尺長一丈餘背面皆起絨頭厚四五

分即兜羅錦也桑柘蚕絲皆有金織絲嵌手巾并帽棉漆器盤碗鑌鐵鎗刀翦等器皆有賣者一樣白紙亦是樹皮所造光滑細膩如鹿皮一般國法笞杖徒流等刑官品衙門印信行移皆有軍亦有給糧餉管事頭目名吧斯剌兒醫卜陰陽百工技藝皆有之其行衒身穿挑黑線白布花衫下圍色絲手巾以各色硝子珠間珊瑚珠穿成纓絡佩於肩項又以青紅硝子燒成鐲帶於兩臂人家宴飲此輩亦來動樂口唱番歌對舞亦有解數有一等人名根肖速魯奈即樂工也每日五更時分到頭目或富家門首一人吹鎖

噤一人擊小鼓一人擊大鼓初起則慢自有調拍後漸緊促而息又至一家如前吹擊而去至飯時仍到各家或酒飯或與錢物撮弄把戲諸色皆有不甚奇異止有一人同其妻以鐵索拴一大虎在街牽拽而行至人家演弄即解其索虎坐于地其人赤體单梢對虎跳躍拽拳將虎踢打其虎性發作威咆哮勢撲其人與虎對跌交畢又以一臂伸入虎口直至其喉虎不敢咬其人仍鎖虎頸則伏于地討食其家則與肉啖之又與其人錢物而去日月之定亦以十二箇月爲一年無閏月王亦差人駕船往番國買賣取辦

方物珍珠寶石進貢中國

忽魯謨斯國

自古里國開船投西北好風行二十五日可到其國邊海倚山各處番船并旱番客商都到此地趕集買賣所以國民皆富國王國人皆奉回回教門尊謹誠信每日五次禮拜沐浴齋戒風俗淳厚無貧苦之家若有一家遭禍致貧者衆皆贈以衣食錢本而救濟之人之體貌清白豐偉衣冠濟楚婚喪之禮悉遵回回教規男子娶妻先以媒妁已通允訖其女家請的的親者掌教門規矩之官也及主婚并媒人親族之

長者兩家各通三代鄉貫來歷寫立婚書已定然後擇日成親否則官府如姦論罪如有人死者即用白番布爲大殮小殮之衣用瓶盛淨水將屍從頭至足澆洗二三次既淨以射香片腦薰屍口鼻纔服殮衣貯棺內當即便埋其墳以石砌穴下鋪淨沙五六寸擡棺止將屍放石穴內上以石板蓋定加以淨土厚築墳堆甚堅整也人之飲食務以酥油拌煮而食市有燒羊燒雞燒肉薄餅哈喇撒一應麵食皆有賣者二三四口之家多不舉火做飯止買熟食而喫王以銀鑄錢名那底兒徑官寸六分底面有紋重官秤四

分通行使用書記皆是回回字其市肆諸般鋪面百物皆有止無酒館國法飲酒者棄市文武醫卜之人絕勝他處各色技藝皆有其撮弄把戲皆不爲奇惟有一樣羊上高竿最可嘆也其羊用木一根長一丈許木竿頭上止可許羊四蹄立於木將木立竪於地扶定其人引一小白羝羊拍手念誦其羊依拍鼓舞來近其竿先以前二足搭定其木又將後二足一縱立於竿上又一人將木一根於羊脚前挨之其羊又將前足搭上木頂隨將後二脚縱起人卽扶其木於對中其羊立於二木之頂似舞之狀又將木趲之連

上五六段又高丈許尖其舞罷然後立於中木人卽推倒其竿以手接住其羊又令臥地作死之狀令舒前脚則舒前令舒後脚則舒後又有將一大黑猴高三尺許演弄諸般本事了然後令一閒人將巾帕重重摺疊緊縛其猴兩眼別令一人潛打猴頭一下深深避之後解其帕令尋打頭之人猴於千百人中徑取原人而出甚爲怪也其國氣候寒暑春開花秋落葉有霜無雪雨少露多有一大山四面出四樣之物一面如海邊出之鹽紅色人用鐵鏟如打石一般鑿起一塊有三四十斤者又不潮濕欲用食則捶碎爲

末而用一面出紅土如銀硃之紅一面出白土如石灰可以粉墻壁一面出黃土如薑黃色之黃俱着頭目守管各處自有客商販賣爲用土産米麥不多皆是別處販來糶賣其價極賤果有核桃把聃果松子石榴葡萄乾桃乾花紅萬年棗西瓜菜瓜葱韮薤蒜蘿蔔等物其甜瓜胡蘿蔔紅色如藕大至多甜瓜甚大有高二尺者其核桃殼薄白色手捏即破松子長寸許葡萄干有三四樣一樣如棗干紫色一樣如蓮子大無核結霜一樣圓顆如白荳大略白色把聃果如核桃樣尖長色白內有仁味勝核桃肉石榴如茶

鍾大花紅如拳大甚香美萬年棗亦有三樣一樣番名垜沙布每箇如母指大核小結霜如沙糖忒甜難吃一樣按爛成二三十箇大塊如好柿餅軟棗之味一等如南棗樣略大味頗澁彼人將來喂牲口此處各番寶貨皆有更有青紅黄雅姑剌石祖把碧祖母剌猫睛金鋼鑽大顆珍珠如龍眼大重一錢三分珊瑚樹珠并枝梗金珀珀珠神珠蠟珀黑珀番名撒白値各色美玉器皿十樣錦剪絨花单其絨起一二分長二丈濶一丈各色梭幅撒哈喇氊毯羅氊紗各番青紅絲嵌手巾等類皆有賣者駝馬驢騾牛羊廣有

其羊有四樣一等大尾棉羊每箇有七八十觔其尾濶一尺餘拖着地重二十餘斤一等狗尾羊如山羊樣其尾長二尺餘一等門羊高二尺七八寸前半截毛長拖地後半截皆翦净其頭面頸額似棉羊角彎轉向前上帶小鐵牌行動有聲此地快鬬好事之人喂養與人鬬賭錢物爲戲又出一等獸名草上飛番名雅禍失如大猫大渾身儼似玳瑁斑猫樣兩耳失黑性純不惡若獅豹等項猛獸見他卽俯伏於地乃獸中之王也國王將獅子麒麟馬疋珠子寶石等物并金葉表文跟同回洋寶船進貢中國

天方國

此國即默伽國也自古里國開船投西南申位船行三箇月方到本國馬頭番名秩達有大頭目主守自秩達往西行一日到王居之城名默伽國奉回回教門聖人始於此國闡揚教法至今國人悉遵教規行事纖毫不敢違犯其國人物魁偉體貌紫膛色男子纏頭穿長衣足着皮鞋婦人俱戴蓋頭莫能見其面說阿剌畢言語國法禁酒民風和美無貧難之家悉遵教規犯法者少誠爲極樂之界婚喪之禮皆依教門體例而行再行大半日之程到天堂禮拜寺其堂

番名愷阿白外週垣城其城有四百六十六門門之兩傍皆用白玉石爲柱其柱共有四百六十七箇前九十九箇後一百一箇左邊一百三十二箇右邊一百三十五箇其堂以五色石疊砌四方平頂檁內用沉香大木五條爲梁以黃金爲閣滿堂內墻壁皆是薔薇露龍涎香和土爲之馨香不絶上用皂紵絲爲罩罩之蓄二黑獅子守其門每年至十二月十日各番回回人一二年遠路的也到堂內禮拜皆將所罩紵絲割取一塊爲記驗而去剜割既盡其王預織罩之仍復年年不絶堂之左司馬儀聖人之墓其墳壠

俱是緣撒不泥寶石爲之長一丈二尺高三尺濶五尺其圍墻之墻以泔黃玉疊砌高五尺餘城内四角造四堆塔叫禮左右兩傍有各祖師傳法之堂亦以石頭疊造整飾極華麗其處氣候常熱如夏並無雨電霜雪夜露甚重草木皆憑露水滋養夜放一空碗盛至天明其露水有三分在碗土產米穀僅少皆種粟麥黑黍瓜菜之類西瓜甜瓜每箇用二人擡一箇者亦有　一種纒花樹如中國大桑樹高一二丈其花一年二放長生不枯菜有蘿蔔萬年棗石榴花大梨子桃子有重四五斤者其駝馬驢騾牛羊猫犬

雞鵝鴨鴿亦廣雞鴨有重十觔以上者土產薔薇露
俺八兒香麒麟獅子駝雞羚羊草上飛并各寶石珍
珠珊瑚琥珀等物其王以金鑄錢名倘加行使每箇
徑七分重官秤一錢比中國金有十二成色又往西
行一日到一城名驀底納其馬哈嘛聖人陵寢正在
城內至今墓頂豪光日夜侵雲而起墓後有一井泉
水淸甜名何必糝糝下番之人取其水藏於船邊海
倘遇颶風卽以此水洒之風浪頓息宣德五年欽蒙
聖朝差太監內官鄭和等往各番國開讀賞賜分䑸
到古里國時內官大監洪　見本國差人往彼就選

差通事等七人齎帶射香磁器等物附本國船隻到彼往回一年買到各色奇貨異寶麒麟獅子駝雞等物并畫天堂圖眞本回　京其默伽國王亦差使臣將方物跟同原去通事七人獻齎於　朝廷

景泰辛未秋月望日會乩山樵馬歡述

廣信府同知鄒　潘

推官方　重

臨江府推官袁長馭校正

上饒縣學教諭余學申對讀

紀錄彙編卷之六十二終　湖州府後學吳仕旦覆訂

瀛涯勝覽後序

余少時觀異域誌而知天下輿圖之廣風俗之殊人物之妍媸物類之出產可驚可喜可愛可愕尚疑好事者爲之而竊意其無是理也今觀馬君宗道郭君崇禮所紀經歷諸番之事實始有以見夫異域誌之所載信不誣矣崇禮乃杭之仁和人會稽山樵宗道皆西域天方教實奇邁之士也昔 太宗皇帝勅令太監鄭和統率寶船往西洋諸番開讀賞勞而二君善通譯番語遂膺斯選三隨輶軺自閩之五虎發迹首入占城次爪哇暹羅又次之舊港阿魯蘇門南浡

四十七　三百四十八文

錫蘭柯枝極而遠造夫阿丹天方凡二十餘國每國
寄往非一日於輿圖之廣者紀之以別遠近風俗之
殊者紀之以別得失與夫人物之妍媸紀之以別美
惡土地之出產紀之以別輕重皆錄之於筆畢而成
帙其用心亦勤矣二君既事竣歸鄉里恒出以示人
使人皆得以知異域之事也崇禮尚慮不能使人之
盡知欲鋟梓以廣其傳因其友陸廷用徵序於予遂
錄其梗槩於後云